CARLSEN-Newsletter
Tolle neue Lesetipps kostenlos per E-Mail
www.carlsen.de

© 2013 by Carlsen Verlag GmbH, 22703 Hamburg
Alle deutschen Rechte vorbehalten.

Lektorat: Bettina Herre
Herstellung: Bettina Oguamanam
Lithografie: Die Lithografen, Hamburg
Druck und Bindung: Livonia print, Riga
Printed in Latvia
ISBN 978-3-551-51789-0

Die Osterhäsin

Eine Geschichte von Katharina E. Volk
mit Illustrationen von Sabine Straub

Ida stellte sich auf die Zehenspitzen und schnupperte. Die Sonnenstrahlen kitzelten ihr Hasennäschen. Sie konnte den Frühling riechen! Ida freute sich auf Ostern und sie erfand ein kleines Lied:
„*Weiche Weidenkätzchen*
sind meine Osterschätzchen,
und jeder gelbe Krokus
kriegt einen Hasenkuss!"

Dann lief Ida zum Wiesenhang, wo sie im Winter so gerne Schlitten fuhr.
Unter einer Birke entdeckte sie ihre Brüder Ole und Leo.

„Ich bin dieses Jahr der Osterhase!", hörte sie Ole rufen.
„Nein, ich!", schrie Leo und stampfte mit der Pfote auf.
„Ich wäre ein viel besserer Osterhase als du!", schrie Ole wütend.
„Wärst du gar nicht!", brüllte Leo.

Ida hielt sich die Ohren zu. „Hört auf zu streiten!", rief sie.
„Da kann man sich ja gar nicht mehr richtig auf Ostern freuen!"

Aber Ole und Leo hörten nicht auf Ida. Sie stritten einfach weiter und fingen sogar an zu raufen.

Und dann passierte es: Ole und Leo stolperten und kugelten den Abhang hinunter.

Wie ein großes Osterei kullerten sie schneller und schneller abwärts.
„Anhalten!", schrie Leo.
„Aua!", brüllten Ole und Leo gleichzeitig.
Am Fuße des Wiesenhangs blieben sie im Gras liegen.
„Auweia", murmelte Ida.

„Jetzt ist keiner von euch der Osterhase", seufzte Ida. Ihre Brüder hatten sich die Pfoten verstaucht. „Ich werde die Osterhäsin sein!", sagte Ida, während sie Ole und Leo einen Kakao brachte.
„Daf geht niff", lispelte Leo. Ihm war beim Sturz auch noch ein Hasenzahn abgebrochen.
„Stimmt", sagte Ole. „Das geht nicht."
„Warum denn nicht?", wunderte sich Ida.

„Dapfu muff man grof und ftark fein", sagte Leo, „fo wie wir."
„Genau", sagte Ole. „So ein Osterkorb ist schwer und wir haben wochenlang unsere Muskeln trainiert."
„Ftimmt", nickte Leo. „Daf ift pfu pfwer für dich."

Als es Abend wurde, kletterte Ida auf den Hügel der Lichtung.
Der Mond stand schon goldgelb am Himmel.
Musste das Osterfest jetzt etwa ausfallen?
Was sollten denn die Kinder denken, wenn sie in diesem Jahr
keine Ostereier fanden?
Nein, Ostern konnte nicht ausfallen, so viel war sicher.

Ida schaute in den funkelnden Sternenhimmel.
„Ich werde die Osterhäsin sein", murmelte sie. „Und ich werde
es schaffen!"

Und schon sprang Ida auf.
Es gab viel zu tun!
Und während Ole und Leo
schon leise schnarchten,
hoppelte das Hasenmädchen
zum Werkstattschuppen.
Hier räumte sie erst einmal
auf.
Dann sortierte sie die Farben
und die Pinsel und bereitete
alles vor.

Am nächsten Morgen stand Ida früh auf und trank
ein Glas Karottensaft, um sich zu stärken.
Bevor sie sich auf den Weg machte, schrieb sie einen
Zettel für Ole und Leo:

Sie kochte im Werkstattschuppen gerade frische
Eier, als Kiki die Kohlmeise auf dem Fensterbrett
landete. Ida erzählte Kiki, was Ole und Leo
passiert war.
Kiki schlug aufgeregt mit den Flügeln.
„Und jetzt bist du die Osterhäsin!", staunte sie.

Kiki flog weiter und Ida trällerte fröhlich vor sich hin und mischte ihre Farben.
Plötzlich klopfte es. Idas Freundinnen standen vor der Tür!
„Kiki hat uns alles erzählt!", rief das Eichhörnchen Emmi aufgeregt.
„Wir wollten mal gucken kommen", sagte die Feldmaus Mimi.
„Ganz genau", murmelte die Igelin Mathilde zufrieden und schaute sich im Werkstattschuppen um.

Und während Emmi von den Astgabelneuigkeiten des Waldes berichtete und Mimi von den Mauselochneuigkeiten des Feldes erzählte, verteilte Ida an ihre Freundinnen Pinsel, Farbtuben, getrocknete Blätter und Blüten. „Au ja, wir helfen dir", sagte Emmi stolz, „schließlich bist du die Osterhäsin!"

Die Ostereier wurden bunt wie Frühlingsblumen! Ida färbte sie rosa wie die Tulpen auf der Wiese und gelb wie die Weidenkätzchen.

Manche Eier wurden grün wie das Gras und bekamen rosa Tupfen.

„Ich male kleine Nüsse auf die Ostereier!", rief Emmi.

Mimi malte rosa Mäuseschwänzchen-schnörkel.

„Das werden schöne Ostereier", murmelte Mathilde zufrieden. Als alles fertig war, streute Ida noch ein wenig Glitzerstaub über die Eier. Sie sahen prächtig aus!

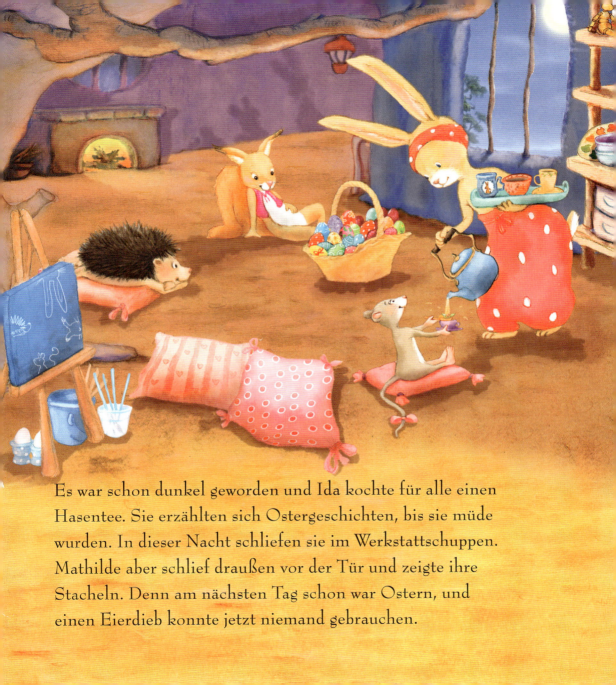

Es war schon dunkel geworden und Ida kochte für alle einen Hasentee. Sie erzählten sich Ostergeschichten, bis sie müde wurden. In dieser Nacht schliefen sie im Werkstattschuppen. Mathilde aber schlief draußen vor der Tür und zeigte ihre Stacheln. Denn am nächsten Tag schon war Ostern, und einen Eierdieb konnte jetzt niemand gebrauchen.

Als Ida am frühen Morgen aufwachte, schaute sie auf die große Werkstattuhr und sprang auf.
„Mimi! Emmi! Mathilde!", rief sie. „Wir haben verschlafen! Helft ihr mir auch beim Verstecken der Eier?"
„Klar, wir Mädchen halten zusammen!", riefen die Freundinnen begeistert.

Für Emmi packte Ida einen Ostereier-Rucksack, mit dem sie von Baum zu Baum springen konnte.
Mimi bekam von Ida ein Wägelchen, mit dem sie auf den Waldwegen gut vorankam.
Und Mathilde klemmte Ida lauter Eier zwischen die Stacheln.
Ida teilte genau ein, welche Osternester Mimi, Mathilde und Emmi füllen sollten.
Dann packte Ida noch Eier in ihr Körbchen.
Kurz vor Sonnenaufgang machten die Freundinnen sich auf den Weg.

Am Nachmittag trafen sich alle bei Ole und Leo.
Ida strahlte. Sie hatten es geschafft!
Jeder würde ein gefülltes Osternest finden!
Wirklich jeder?
„Auweia!", rief Ida. „Ich habe das gelbe Haus vergessen!"

„Ha", sagte Ole, „zum Glück geht es mir schon besser. Nur wer den blitzschnellen Eier-versteck-Lauf geübt hat, kann das jetzt noch schaffen."
Dann flitzte er auch schon los.

Wer an diesem Ostertag über die sonnige Waldlichtung spazierte, konnte dort die Hasen Ostern feiern sehen. Eine Feldmaus, ein Igelmädchen, eine Kohlmeise und ein Eichhörnchen waren auch dabei. Sie futterten Osterkuchen, lachten und tanzten um die Hasenhängematte.
Und eine wunderschöne Ostereierkette, die in den Zweigen hing, schaukelte dazu im Frühlingswind.